LA

MONARCHIE
MODERNE

—

Lettre à M. X..., Ultramontain.

PRO PATRIA

BORDEAUX

IMPRIMERIE R. COUSSAU & F. COUSTALAT

20 — rue Gouvion — 20

—

1888

Lettre à M. X...

ULTRAMONTAIN

MONSIEUR,

Vous me faites l'honneur de me demander quelles sont les raisons qui m'ont conduit, moi que vous avez connu républicain, à me rallier à la Monarchie *moderne par ses institutions*, si bien définie par M. le Comte de Paris. Je m'empresse d'accéder à vos désirs.

Vous avez, Monsieur, l'avantage sur moi de n'avoir jamais changé d'opinion, et vous savez tout le respect que m'impose votre foi royaliste. Cette fidélité vous honore, mais il y a entre vous et moi cette différence que si je passe armes et bagages à la Monarchie moderne et si je suis prêt à lutter pour elle avec toute l'énergie que vous voulez bien m'attribuer, vous ne l'acceptez, vous, que comme pis aller, avec cette arrière-pensée de la ramener un jour à l'intransigeance de vos principes. Vous êtes pour la Monarchie de droit divin, je suis pour la Monarchie traditionnelle par son principe, *moderne par ses institutions*. Telles sont nos situations respectives. Elles sont nettes et précises. Expliquons-nous donc.

Depuis 1830 la France subit une crise de transformation qui n'est pas encore achevée. Cette transformation n'est du reste pas particulière à la France. Les peuples, si vous aimez mieux, se transforment, non parce qu'il plaît à leurs gouvernements de les transformer, mais parce qu'ils subissent une loi inéluctable contre laquelle la volonté d'un homme, d'un groupe, d'une société ne saurait prévaloir. Louis Philippe l'avait compris et les sots qui ont fait la Révolution de 1848 n'ont pas supposé qu'un autre récolterait, à leur détriment, les fruits semés par un monarque qui s'était rendu compte des besoins de son temps. L'Empire a bénéficié, sans savoir en tirer parti, d'une phase très heureuse de cette transformation. Son imprévoyance et ses fautes lourdes ont amené les désastres de 1870. Le souffle patriotique de Gambetta engendra la République; et lorsqu'il fut question pour la France de choisir un gouvernement, vous arrivâtes, Monsieur, avec le Comte de Chambord et son drapeau blanc. C'était une barrière que vous tentâtes d'opposer à la transformation :

mais comme cette transformation, un moment contenue par les événements de 1870, rompit ses digues, elle vous laissa seuls avec votre drapeau sans doute, mais loin, bien loin de son cours naturel. Et voilà, Monsieur, pourquoi je fus républicain.

Vous arrivâtes, dis-je, avec des idées d'un autre monde et d'un autre âge, et vous espériez arrêter le torrent. Hélas, Monsieur, on n'arrête pas ce torrent, on lui creuse un nouveau lit, on rectifie son cours, mais il faut que l'eau s'écoule. A tous les problèmes sociaux, à toutes les questions d'ordre physique, à toutes les revendications et aux souffrances du peuple vous répondiez invariablement ces mots : « Allez à Dieu ! » N'auriez-vous pas confondu, Monsieur, la volonté de Dieu avec les *desiderata* de votre Église ?

D'après vous, toutes les idées de progrès, tous ces phénomènes de la transformation sociale à laquelle nous assistons et que vous-même subissez malgré vous, sont l'œuvre d'esprits pervers et contraires à la volonté de Dieu. J'ai bien peur, Monsieur, que vous ne confondiez, et que tous ces phénomènes ne soient précisément les indices de la volonté et des desseins impénétrables de Dieu.

Aussi, puisque ni vous ni moi ne recevons son inspiration, n'abordons point cette question que dans votre parti l'on est trop souvent enclin à confondre avec les faits matériels dans lesquels est circonscrite notre pauvre humanité. L'idée de Dieu, le culte de la Religion sont du domaine de la conscience, et j'estime, Monsieur, que nous ne devons point les mêler à une discussion d'ordre purement politique et matériel.

Faut-il vous le dire ? La Religion, vous en avez fait un épouvantail, et c'est pour cela que l'on s'est détaché de vous.

Et cette République, dont je viens de vous rappeler les débuts, n'a reçu dès son origine autant d'adhésions que vous vous montriez plus exclusifs et plus intolérants.

La République, dès 1870, a ouvert ses portes. Elle respectait la liberté de conscience. Son territoire était ouvert à tous ses enfants. Elle ne cherchait pas à s'opposer à la transformation, et c'est pour cela, et d'un autre côté en raison de l'impuissance individuelle de chacun des partis et de l'exclusivisme intransigeant du vôtre, Monsieur, que nous nous accommodions de ce *modus vivendi*.

Et voilà pourquoi, Monsieur, jusque-là je fus républicain, et je serais resté tel si un homme fatal n'avait tué la République en anéantissant le principe républicain J'ai nommé Jules Ferry. Cet homme funeste est avant tout Franc-Maçon, et nous savons aujourd'hui que les francs-maçons n'ont ni patrie, ni conscience. Ce sont des assoiffés d'argent qui, sous prétexte de philanthropie, font du patriotisme une affaire, et de la patrie une vache à lait. C'est une congrégation d'un nouveau genre qui, non contente de ruiner et de déshonorer le pays, prétend encore lui imposer ses doctrines. La République, grâce à Jules Ferry, est devenue la proie de ces gens-là ; ils l'ont tellement dégradée et souillée, qu'aujourd'hui il n'est plus possible de détacher l'idée républicaine de l'idée maçonnique, et la République de la horde des francs-maçons.

Un gouvernement qui ne respecte pas la liberté la plus sacrée, la liberté de conscience, qui entrave la libre expression du suffrage universel, qui chasse du territoire de la patrie des citoyens dont le seul crime est de s'appeler Orléans, qui voit se produire le wilsonnisme, l'anarchie et la commune, ne saurait être un gouvernement, et à plus forte raison un gouvernement républicain.

Et voilà, Monsieur, pourquoi je ne suis plus républicain.

Que fallait-il faire ? Devenir radical ? Mais, qu'est-ce donc que le radicalisme ? Est-ce une forme nouvelle de la République ? est-ce une régénération de l'idée républicaine ? Non, sans doute, puisque les possibilistes, les socialistes et une foule d'autres groupes se disent également républicains. De toutes mes investigations, de toutes mes réflexions, je n'ai pu recueillir qu'une seule conclusion, c'est que le radicalisme n'est qu'une forme déguisée de la commune, c'est-à-dire le déchaînement de toutes les passions inavouables, l'anéantissement du progrès social, de la société, de la famille, du travail, de l'épargne et de la propriété.

C'est dans cette situation douloureuse pour tout esprit libéral, pour tout cœur français aimant profondément sa patrie, qu'est apparu comme un phare le programme de la Monarchie moderne, tracé par M. le Comte de Paris.

Comme tant d'autres, Monsieur, j'étais dès le début assez incrédule ; je croyais voir sous des dehors trompeurs, sous les couleurs d'un gouvernement fait à l'image de notre époque, votre vieille Monarchie, non pas tant celle des rois de France que celle des congrégations ; et dans cet ordre d'idées, j'étais à me demander ce qu'il en adviendrait de nos libertés publiques : cette liberté de conscience, si opprimée par la République, n'allait-elle pas retomber dans les serres de nouveaux oppresseurs !

Quoi du progrès ? quoi des réformes sociales si longtemps attendues et toujours revendiquées vainement ?

Et par dessus tout, qu'allait-il advenir de ma patrie, si déchirée par les politiciens et dont l'essor est arrêté comme aux jours néfastes ?

A qui donc s'adresser désormais pour obtenir justice ? A qui demander le rétablissement et le règne du droit, au lieu du bon vouloir et du favoritisme dont la France

souffre depuis si longtemps? et c'est alors
Monsieur, que je me suis adressé à de
hommes en situation de m'éclairer sur le
dispositions de la Monarchie moderne. Je
les ai priés de développer ce programme e
d'entrer dans les moindres détails, et ils
m'ont, je dois vous le dire, donné pleine
satisfaction.

La République qui avait pris pour devise :
Liberté, Égalité, Fraternité, semblait, aux
yeux de nos concitoyens, avoir le monopole
de ces *trois conditious essentielles* de la
société moderne ; et de fait, comment voulez-vous qu'après le régime despotique du
second Empire et en présence des théories
surannées de la Monarchie de droit divin,
dont vous étiez, Monsieur, un des acharnés
défenseurs, comment voulez-vous, dis-je,
qu'il fût possible à l'opinion publique de trou-

ver place pour un régime comblant ses *desiderata*? Le peuple a cru à la République, parce que la République lui laissait entrevoir et était seule à lui faire entrevoir un régime de liberté. Et il s'est trouvé que cette Liberté, que cette Égalité si chères au peuple français et que devait nous donner la République ont été confisquées et foulées aux pieds par elle. Et voici que la Monarchie moderne, ainsi définie par M. le Comte de Paris, va précisément nous donner ce que la République n'a pu faire. Voilà, Monsieur, pourquoi je me suis rallié à la Monarchie *moderne par ses institutions de Philippe VII.*

La liberté que nous n'avons pas, quelle est-elle ? C'est par dessus tout la liberté de conscience, c'est cette faculté que nous n'avons pas aujourd'hui de pratiquer ou non nos croyances, d'élever nos enfants comme bon nous semble, de choisir tel ou tel professeur, telle ou telle doctrine de notre goût.

C'est la faculté d'aller ou de ne pas aller à la messe si tel est notre bon plaisir et sans que cela puisse être considéré comme l'accomplissement ou non d'un devoir. Cette liberté, ceux-là seuls qui sont indépendants ne peuvent l'exercer aujourd'hui sans qu'on les mette à l'index, et les fonctionnaires qui veulent accomplir leurs devoirs religieux sont considérés comme les ennemis d'un gouvernement qui se prétend dépositaire de la liberté !

Eh bien, Monsieur, la Monarchie moderne ne nous imposera rien de tout cela. Elle nous laissera la faculté de pratiquer ou d'être indifférent, d'aller à la messe ou de nous abstenir, parce que ce sont là des questions de conscience dans lesquelles un gouvernement doit rester étranger. Mais ce que ne nous permettra pas la Monarchie moderne, c'est l'hostilité. Elle ne nous imposera aucun culte, mais elle nous défendra d'être hostile à aucun.

Elle les laissera tous s'exercer librement dans la limite que peuvent laisser aux pratiques religieuses la question primordiale d'ordre public et le respect réciproque des croyances.

Vous, Monsieur, vous auriez voulu une religion d'État. Vous oubliez que nous sommes en 1888 ?

—

La Monarchie moderne nous permettra de donner à nos enfants l'éducation qu'il nous conviendra de leur choisir et ne nous imposera pas, comme la République, une doctrine immorale et perverse.

—

Nous pourrons, tout comme et mieux qu'aujourd'hui, écrire et penser librement, mais la Monarchie moderne ne permettra pas que des écrivains sans scrupule publient les ignominies licentieuses et dégradantes dont nous sommes inondés, qui n'ont rien de l'art, et ne servent qu'à dépraver les mœurs.

—

Nous pourrons également nous associer pour toute œuvre matérielle ou morale, en nous conformant à des lois spéciales qui, sans entrer dans nos consciences, se borneront à assurer l'ordre public.

Voilà, Monsieur, ce que la Monarchie moderne nous accordera dans l'ordre moral. La République n'en a point fait autant ! C'est cependant là la somme des libertés que nous pouvons souhaiter.

—

Dans l'ordre physique c'est bien autre chose. Le premier soin, comme le premier devoir de la Monarchie moderne sera de faire cesser les abus, *et ces abus cesseront eux-mêmes par le seul fait de son établissement.*

La Monarchie moderne choisira, pour leur confier les différents emplois de l'administration publique, des hommes intègres, actifs, intelligents. Elle supprimera par ce fait tous les emplois inutiles et onéreux

créés par le favoritisme et qui constituent
de si lourdes charges pour le budget de
l'État. Tout en respectant les droits acquis,
elle établira dans les emplois de l'État une
hiérarchie basée uniquement sur les ser-
vices rendus et les capacités des titulaires,
de façon à ce que l'avancement, réglé comme
dans l'armée, assure aux intéressés un ave-
nir à l'abri des convoitises des uns et des
caprices d'un mouvement ministériel. Elle
soustraira complètement le personnel des
administrations de l'État à l'influence des
hommes politiques ou des membres du Parlement, influences dont les conséquences se
font si cruellement sentir aujourd'hui.

La Monarchie moderne établira un
contrôle rigoureux dans la perception et
l'emploi des deniers publics, et chacun étant
responsable de ses actes, nous ne verrons

plus le gaspillage effréné des économies de la Nation, qui n'a servi qu'à ruiner notre patrie au profit d'une poignée d'intrigants.

La suppression de la régie et des octrois. Une meilleure répartition des charges publiques. Le dégrèvement de l'agriculture. La protection du travail et de l'industrie nationale, cette protection entraînant l'amélioration du sort des travailleurs, de l'ouvrier des champs et des villes, du colon partiaire, du petit propriétaire, du petit négociant et du petit industriel.

Des lois et règlements susceptibles, sans les contraindre, de retenir en France les capitaux provenant de l'épargne publique, de les détourner autant que possible des entraînements immoraux de la spéculation et du jeu et déterminant leur rapport avec le travail à la satisfaction des deux parties.

La réfection des traités qui ruinent l'i
dustrie, le commerce et l'agriculture fra
çais.

Enfin, les Compagnies de transport q
seront tenues à l'exécution de leur cahi
des charges et qui ne pourront en aucun c
adopter des tarifs favorisant l'importati
des produits étrangers au détriment des pi
duits nationaux.

—

Dans la Justice, une magistrature ind
pendante, éclairée et mûre. Une réfectic
complète de nos Codes et la sélection d
arrêts qui constituent la jurisprudence, c
façon à ce que l'on ne puisse à la fois, a
nom de la loi, condamner et absoudr
comme pour Wilson.

La réfection totale et la simplification d

procédure dont les frais sont hors de pro-
ortion et dont le dédale permet à des gens
abiles, mais de mauvaise foi, d'avoir rai-
on du droit le plus absolu.

Dans le Code pénal, des dispositions d'au-
ant plus sévères contre les crimes et délits
ue la liberté sera plus grande. Des peines
igoureuses contre la fraude, qui se rit au-
ourd'hui d'une pénalité sans règle et sans
ase, apportant le désordre dans l'organisme
t l'affaissement dans les consciences.

Telles sont, Monsieur, dans le domaine
ratique, les grandes lignes de la Monarchie
moderne ; n'est-ce point donc là la quin-
escence de la Liberté et de l'Egalité que
nous promet depuis si longtemps la Répu-

blique et qu'elle a remplacé par le favo[r]

tisme le plus absolu ?

Dans l'ordre politique, c'est bien au[tre]

chose encore. Ici, plus de compétitions, pl[us]

de luttes intestines de partis. La Monarc[hie]

moderne devenue le gouvernement natio[nal]

de la France, il n'y a plus en France q[ue]

des Français, les uns progressistes les aut[res]

modérés. Le Parlement débarrassé des que[s-]

tions administatives dont la respons[a-]

bilité incombe aux ministres, revieut à s[on]

rôle de législateur et de dispensateur d[es]

deniers publics.

Le suffrage universel dont tous les droi[ts]

sont respectés, ne voit plus se produire au[x]

élections ces luttes écœurantes, engendré[es]

par les appétits personnels et les compét[i-]

tions politiques, luttes qui sèment la haine [et]

la discorde dans les familles unies jusque-l[à]

Nos mères, nos femmes et nos filles qui
us voyaient le front soucieux sous le
ds des préoccupations politiques salueront
calme revenu au foyer qu'elles s'effor—
ent, non sans peine, à maintenir dans la
nquilité.

Tout se passe en paix, car il ne s'agit
us que de choisir parmi quelques-uns les
us intelligents, les plus dévoués, les plus
tes à s'occuper des affaires publiques.
us de ces réunions au sortir desquelles
s'égorge, plus de ces animosités qui
visent les citoyens, qui arrêtent les affai-
s et portent le plus grand préjudice au
veloppement national. Les citoyens de
ut rang et de toute condition appartenant
us à cette belle famille française, récon-
liés sur le terrain neutre et bienveillant
e la Monarchie moderne devenue le gouver-

nement national, vont aux urnes la ma
dans la main empreints de cette dou
fraternité qui est l'indice de l'union d'u
peuple libre.

La République, Monsieur, nous ava
bien promis tout cela ; hélas! elle n'a sen
que la discorde : et voilà pourquoi, Monsieu
je suis devenu un ardent défenseur de
Monarchie moderne et je n'aurais pas em
brassé cette cause, si je n'étais certain qu'a
lieu de vaines promesses nous aurons d
actes, et que ce programme sera fidèlemen
rempli. *Bien fou je serais, Monsieur, si j*
ne me ralliais pas au gouvernement qui con
ble mes DÉSIDÉRATA, *qui me donne la somn*
de liberté, de justice, d'équité et de protec
tion que réclame mon état social. Un gou
vernement qui protège l'agriculture, l'in
dustrie et le commerce national, qui amé

le sort des travailleurs, qui diminue
harges publiques, qui réforme les lois
es codes pour les mettre à l'unisson de
aspirations et de nos besoins, qui
rte la concorde et la paix, qui rend à
patrie le calme dont elle a tant besoin,
c'est là ce que nous demandons, c'est
èvement pacifique de cette transforma-
commencée dès 1830 et que le Comte
Paris a eu la lumineuse idée de prendre
la main pour lui permettre, en la gui-
, d'achever sa course et de poser ses
s sur cette terre de la concorde que
s cherchons depuis si longtemps.
es aspirations, mais les voilà. Mes be-
s, mais ils sont remplis. Mes souffrances,
s ont disparu. La question sociale, les
arras sociaux si vous voulez, mais les
à résolus.

Et croyez-le bien, Monsieur, si je n'ava
la certitude absolue de voir réaliser tout
que je viens de vous exposer, je ne serais p
avec ce gouvernement et le chercherais ail
leurs. Mais outre que la Monarchie modern
me donne la plus large satisfaction su
toutes les questions dont la solution es
depuis si longtemps attendue par le peupl
français, je trouve encore chez elle toute
les garanties de l'exécution de ses promesses
Qui vois-je au sommet de la Monarchi
moderne ? Une famille de patriotes qui on
tout supporté par amour pour leur pays
qui ont tout fait pour ce pays, qui ont res
pecté ses lois même les plus iniques, et don
l'abnégation n'a d'autre récompense qu
l'amertume de l'exil ! Je vois un parti d'hon
nêtes gens, timorés sans doute, mais fort
de leur conscience et de leur probité. Je

che parmi eux et je ne trouve que des
res ouvertes et sympathiques. Pas un
y, pas un Rouvier, pas un Wilson !

contraste avec les tripoteurs de la
ublique, faisant profit de tout, des croix,
places, des recommandations. Pas un
ce parti monarchiste ne poursuit son
rêt personnel. Dans la République, au
raire, tous parlent de l'intérêt général
nacun profite de l'occasion pour satisfaire
intérêt personnel.

uel calme et quelle sérénité à côté de
jitation fiévreuse des républicains officiels.
omme on voit que ces gens ne sont pas
eur aise et qu'ils ne sont là qu'en pas—
t. Aussi, quelle précipitation à profiter
eur passage aux affaires.

A côté de tout cela, voici l'état-major de
Monarchie moderne.

Et tout d'abord, le chef, le Comte de Paris. La figure empreinte de ce calme et de cette sérénité de l'homme qui n'a rien à se reprocher ; fort de sa conscience et de son programme, lui seul a trouvé la modération, l'intelligente initiative et la solution des graves questions de l'heure présente.

Derrière lui, les vétérans de la Monarchie, les vieux grognards de la Royauté dont vous êtes, Monsieur, un des nobles représentants.

Devant, voici les jeunes, ardents et fiers de se trouver rangés à l'ombre du drapeau tricolore fleurdelisé du petit-fils de Louis-Philippe. Ils brûlent, ces jeunes, de marcher de l'avant ; la voie du progrès est ouverte devant eux, mais la main ferme et paternelle de Philippe modère leur élan.

Voici l'armée avec ses vétérans, ces bra-

es et vaillants généraux qui n'ont d'autre
ouci que l'accomplissement de leur devoir,
'autre pensée que l'amour de la patrie. Ils
ont tous là, entourant ce vieux patriote, ce
aillant d'entre les vaillants, d'Aumale, le
éros de nos guerres d'Afrique, le savant et
aborieux écrivain. Dans ce groupe d'uni-
ormes brillants se détache la silhouette
gauloise de Robert-le-Fort, dont les exploits
égendaires, en 1870, sont dans tous les esprits. Le bonheur d'avoir retrouvé son uni-
orme l'a tout simplement rajeuni. On lui a
endu la vie en lui rendant la vie de soldat.

D'Alençon, ce superbe artilleur, et ce jeune
duc d'Orléans qui, naguère, écrivait à son
père : « *qu'il est dûr d'apprendre le métier
des armes sous l'uniforme étranger.* »

Vous parlerai-je de ces princesses, de ces
femmes si douces, si chastes, si vertueuses,
si bien faites pour s'entendre avec les nôtres,

et qui vous disent si simplement : *Lorsque l'on a habité la France, on ne saurait vivre ailleurs sans regrets.*

O ! sans-culottes de 1888, vous ne savez pas ce que c'est que la patrie !

Et ces hommes, Monsieur, qui composent l'état-major de la Monarchie moderne que je viens de faire passer devant vous, sont précisément la force et la vie de ce gouvernement. Tant valent les hommes, tant valent leurs actes. La République est tombée dans les mains d'exploiteurs, c'est ce qui l'a perdue ; la Monarchie moderne ne connaît pas cette espèce, elle n'a pour la servir que des hommes intègres, des patriotes dévoués à la cause publique, et c'est là qu'elle puise sa force.

Vous le voyez, Monsieur, j'ai bien fait de renoncer à la République pour me rallier au seul gouvernement qui me donne satisfacion. Chez nous, je puis m'exprimer ainsi aujourd'hui, les portes sont grandes ouvertes, notre programme s'étale en plein jour, nous ne connaissons rien des conciliabules secrets et des formules d'admission. Vous êtes Français, patriote, cela suffit. Entrez ! nous travaillerons ensemble à la réalisation de notre programme, nous nous assoierons tous au banquet fraternel et nous partagerons par égales parts le pain noir des jours sombres ou le pain blanc des jours heureux.

Et vous, Monsieur, qui n'aurez rien cédé de votre intransigeance, mais qui êtes patriote avant tout, vous viendrez avec nous partager le festin dans lequel nous célébrerons le relèvement de la Patrie !

Veuillez agréer, etc...

L. G. F.

Bordeaux, 5 Juin 1888.